Auslachen ist doof!

Manieren statt Meckern

Streithammel und Streitschlichter

Streithammel und beleidigte Leberwurst
Verstehen, vertragen, versöhnen
SPIELEN & LERNEN
© 2010 Christophorus Verlag GmbH & Co. KG
Freiburg im Breisgau
Alle Rechte vorbehalten
Konzept und Text: Astrid Hille & Dina Schäfer
Illustrationen: Barbara Stachuletz
Layout: Anja Schmidt
Repro: Meyle + Müller, Pforzheim
Druck und Bindung: Himmer AG, Augsburg
ISBN 978-3-86613-549-9
www.christophorus-verlag.de

SPIELEN & LERNEN

Streithammel und beleidigte Leberwurst

Verstehen, vertragen, versöhnen

Astrid Hille & Dina Schäfer
Barbara Stachuletz

Spielregeln in der Familie

Zeit fürs Bett

„Zeit fürs Bett!", ruft Papa. Gerade hat Tobi seine Lego-Burg fertig gebaut. Jetzt müssen die Ritter kämpfen. Aber immer wenn es schön wird, soll er ins Bett. Nein, danke!
„Tobi, Zähne putzen!", ruft Mama.
Tobi hat absolut keine Lust zum Zähneputzen. Und er mag auch seinen Schlafanzug nicht anziehen. Überhaupt – das ganze Trara am Abend vor dem Schlafengehen.
„Heute Abend macht jeder, was er will", flüstert Tobi und setzt einen schwarzen Ritter auf den Turm.

Mit wedelndem Schwanz drängt sich Fips durch die angelehnte Tür. Fips ist Tobis kleiner Hund und normalerweise liegt er um diese Zeit schon in seinem Körbchen. Aber heute will er mit Tobis Burg spielen.
Rums!
Eine Seite der Burg bricht zusammen, die Ritter fliegen durch die Luft.

„Fips, nein! Ab ins Körbchen!", schreit Tobi.
Aber Fips hat gute Ohren und hat wohl gehört, dass heute Abend jeder macht, was er will. Fips will spielen.
Er springt durchs Zimmer und beißt in Tobis Hausschuhe. Dann zerrt er an der Bettdecke.
Tobi ist sauer. So geht das nicht!
„Ich bring dich jetzt ins Körbchen!", sagt Tobi. Er nimmt Fips auf den Arm und setzt ihn in sein Körbchen in der Diele. „Lieg!", sagt er streng.
Doch Fips rennt zur Tür, die in den Garten führt. Aha, er muss wohl noch mal. Na gut. Tobi öffnet die Tür und wartet. Fips rennt hinaus.
„Bei Fuß!", ruft Tobi nach einer Weile. Doch Fips kommt nicht. Er hat einen Ball gefunden und spielt mit ihm. Tobi muss ihn holen und ins Haus tragen.
„So, jetzt wird geschlafen!", sagt er mit energischer Stimme, die keinen Widerspruch zulässt.
Er legt Fips ins Körbchen und zieht eine dünne Decke über ihn. Das mag Fips. Er leckt Tobi die Hand.
Tobi geht in sein Zimmer und stellt die Ritter auf. Plötzlich rast ein kleines Pelzknäuel auf die Burg zu und schnappt sich den roten Ritter.

„Fips! Oh nein!"
Tobi ist sauer und trägt Fips zum dritten Mal ins Körbchen. Er hat sich kaum umgedreht, da hüpft Fips schon wieder an Tobis Bein hoch.
Auch ein viertes Mal geht das so.
Und ein fünftes Mal.
„Was mach ich nur mit dir?", fragt Tobi schließlich. Er kniet sich neben das Hundekörbchen und streichelt Fips' Kopf.

Dann erzählt er ihm eine spannende Piratengeschichte.
Es dauert lange, bis Fips endlich eingeschlafen ist.
Leider ist Tobi jetzt auch müde. Er geht ins Badezimmer, um sich die Hundespucke von den Händen zu waschen. Und weil er schon da ist, putzt er sich auch die Zähne.

Der Gürtel der Jeans drückt, der Schlafanzug ist bequemer. Soll er sich vielleicht ein bisschen hinlegen? Nur ein kleines bisschen?
Papa kommt zur Tür herein.
„Oh, du bist ja schon im Bett. Möchtest du noch eine Geschichte hören?", fragt er.
Aber Tobi schläft schon.

Gitta Edelmann

Spielregeln in der Familie

Ich geh ins Bett

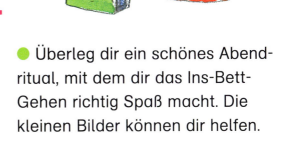

- Tobi will nicht ins Bett gehen, sondern lieber spielen. Sein Hund Fips auch. Immer wieder stört er Tobi beim Spielen, er will einfach nicht in seinem Körbchen bleiben. Tobi ist ganz schön genervt, als er Fips zum fünften Mal „zu Bett" bringt. Ob es seinen Eltern mit Tobi auch manchmal so geht?

- Was machst du, wenn du abends ins Bett gehst? Freust du dich auf dein Bett oder versuchst du mit allen möglichen Tricks, so lange wie möglich aufzubleiben?

- Überleg dir ein schönes Abendritual, mit dem dir das Ins-Bett-Gehen richtig Spaß macht. Die kleinen Bilder können dir helfen.

Spielregeln in der Familie

Familie Schluderkram

● Was ist denn bei Familie Schluderkram los? Hier geht es ja drunter und drüber. Jeder macht, was er will. Was entdeckst du alles auf dem Bild?
• Bei den Schluderkrams könnte einiges besser werden. Welche Familienregeln könnten sie sich überlegen?

● Habt ihr Familienregeln? Findest du die Regeln gut? Oder hast du andere Ideen und Wünsche?

● Mit farbigem Karton und bunten Stiften kannst du ein Familienplakat gestalten. Male Bilder mit deinen Wünschen und Ideen.
• Eine Familie, die am Tisch sitzt, kann zeigen, dass deine Familie möglichst oft zusammen essen soll.
• Ein Bild von einer Familie im Park oder am See kann zeigen, dass du mit deiner Familie am Wochenende etwas unternehmen möchtest.
• Ein Bild von Schuhen im Regal bedeutet, dass Schuhe nicht herumliegen sollten.
• Ein großes Ohr heißt, dass man zuhören soll, wenn einer spricht.
• Dir fällt bestimmt noch viel ein. Das Plakat hängst du dann so auf, dass es jeder sehen kann, zum Beispiel im Hausflur oder in der Küche.

Verlieren – na und?

Tränen am Geburtstag

Am Ende sind nur noch Maja und Lisa übrig. Als die Musik aufhört, springen sie gleichzeitig auf den letzten Stuhl.

„Ich war zuerst da." Maja drückt ihre Freundin zur Seite.

Lisa klammert sich an der Stuhllehne fest. „Nein!", ruft sie. „Ich war Erste." Maja und Lisa schubsen und knuffen sich, bis Mama sie trennt.

„Dann haben wir eben zwei Sieger", erklärt sie und gibt jedem Mädchen eine Zuckerstange.

„Das ist ungerecht!" Wütend springt Maja auf. „Ich habe gewonnen!" Sie reißt Lisa die Zuckerstange aus der Hand und schmeißt sie weg. Die Stange fliegt quer durchs Wohnzimmer und landet in Wuschels Hundekorb. Der junge Dackel schnappt sich die Stange und rennt damit in den Garten.

Maja hat zu ihrem Geburtstag alle ihre Freunde eingeladen.
Zuerst spielen sie „Die Reise nach Jerusalem". Das hat sich Maja gewünscht. Sie haben riesigen Spaß dabei.

12

„1:0 für Wuschel", sagt Mama und gibt Lisa eine neue Stange.
Dann schwenkt sie zwei Kartoffelsäcke und fragt: „Wer spielt mit Sackhüpfen?"
Alle rennen begeistert nach draußen.
Nur Maja trottet lustlos hinterher.
„Das Geburtstagskind fängt an!", ruft Mama und hält Maja einen Sack entgegen.

Lisa wartet schon am Start.
„Wenn es sein muss …", mault Maja und schaut Lisa finster an.
„Aber diesmal gewinne ich."
Mama gibt das Zeichen zum Start.
„Maja, Maja!", rufen die einen.
„Lisa, Lisa!", rufen die anderen.
Es sind nur noch wenige Meter.
Maja liegt in Führung.

Da rast ihr plötzlich Wuschel vor die Füße. Maja stolpert, fällt hin – und Lisa gewinnt. Schluchzend rappelt sich Maja auf. „Sackhüpfen ist doof", heult sie. „Und Geburtstag ist auch doof."
Sie rennt ins Haus, knallt die Tür hinter sich zu und wirft sich weinend aufs Sofa.
Vom Garten her schallt fröhliches Lachen und Kreischen ins Wohnzimmer. „Was die wohl gerade machen?" Maja steht auf und lugt heimlich aus dem Fenster.

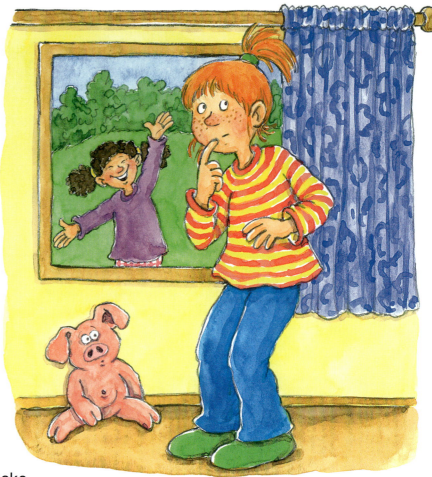

Die Kinder haben die Hüpfsäcke beiseitegelegt und bewerfen sich mit Wasserbomben.
„Das ist gemein", denkt Maja traurig. „Die haben so viel Spaß. Dabei ist doch heute mein Geburtstag."
Ob sie wieder rausgehen soll? Maja zögert. Nein, lieber nicht. Einfach rausgehen ist blöd.
Die anderen möchten bestimmt nicht mehr mit ihr spielen. Aber hier drinnen hocken ist auch blöd, findet Maja.

Tränen steigen ihr in die Augen.
Was soll sie nur tun?
„Klatsch!"
Eine kleine, rosa Wasserbombe zerplatzt an der Fensterscheibe. Genau vor Majas Nase.
Sie kommt von Lisa. Die Freundin steht im Garten und winkt ihr fröhlich zu. Und plötzlich weiß Maja, was sie jetzt machen will.

Sabine Streufert

Verlieren – na und?

Tipps für Verlierer

● Was, meinst du, macht Maja? Bleibt sie traurig im Zimmer oder feiert sie wieder mit bei ihrer Party?
• Sicher hast du auch schon verloren. Wie ist es dir da ergangen?
• Fällt es dir leicht zu verlieren oder bist du auch traurig oder wirst du sogar wütend?

● Bei einem Spiel verlieren kann doof sein. Es ist dann nicht leicht, die Freude der Gewinner mit anzusehen. Was kann helfen?
• Wenn ihr immer Spielerpaare bildet, verliert keiner alleine.
• Denkt euch für Spiele mit bunten Figuren lustige Ideen aus, die nach Spielende drankommen: „Wenn Blau gewinnt, machen wir uns alle witzige Frisuren. Wenn Rot gewinnt, schminken wir uns gegenseitig ein Clownsgesicht! Wenn Grün gewinnt, backen wir Waffeln. Wenn Schwarz gewinnt, halten immer zwei zusammen einen Stift und malen ohne zu sprechen ein Bild mit einem Haus, einem Baum und einem Tier."
Was könntet ihr Lustiges machen, wenn Violett oder Gelb gewinnt?

Verlieren – na und?

Drehscheibenspiel

● Es gibt auch Spiele ohne Verlierer. Magst du eines basteln?
• Nimm zwei A3-Zeichenkartons. Daraus schneidest du zwei verschieden große Kreise aus. In der Mitte steckst du sie mit einer Briefklammer zusammen.
• Jetzt teilst du die Scheiben wie eine Torte in acht Felder ein.
• Male in die Felder der äußeren Scheibe Bilder von Orten wie zum Beispiel Mond, Baumhaus, Schaukel, Klo, Strandkorb, Turm, Sandkasten. Du kannst auch Bilder aus Zeitschriften aufkleben.

• Für die Felder der inneren Scheibe überlegst du dir Personen oder Tiere, zum Beispiel Pippi Langstrumpf, Oma, Micky Maus, Känguru, Papa, Huhn und Zottelbär.

● Du brauchst nun noch einen oder mehrere Mitspieler, eine Spielfigur und einen Würfel.
• Wer die höchste Zahl würfelt, beginnt.
• Er dreht die Scheibe, setzt das Männchen auf ein Feld und würfelt. Die Figur läuft auf der äußeren Scheibe so viele Schritte, wie Augen auf dem Würfel sind. Wenn die Figur zum Beispiel beim

Strandkorb stehenbleibt und auf dem inneren Feld Pippi Langstrumpf zu sehen ist, spielt oder erzählt er eine Geschichte zu diesen beiden Bildern.

• Stellt die beiden Scheiben wieder neu ein. Dann ist der Nächste dran. Jeder sollte mindestens zwei Geschichten vorspielen oder erzählen.

Meins und deins und seins

Chaospiraten

Es ist ein sonniger Tag im Piraten-
meer. Genau das richtige Wetter,
um das Schiff der Chaospiraten
neu zu streichen, findet Steuermann
Schluribur.
Kapitän Kaotikus schüttelt den Kopf.
„Das Schiff ist schön genug", sagt
er. „Und außerdem ist jetzt Zeit
für meinen Mittagsschlaf."
Er verschwindet unter Deck.
Der Schiffskater klettert
ins Rettungsboot, um ein
Sonnenbad zu nehmen.
Der Papagei fliegt auf
den Ausguck. Steuermann
Schluribur bleibt alleine
zurück. Er hat immer
noch Lust, das Schiff
zu streichen.
Hinter der großen Kiste
steht ein Eimer grüner
Farbe. Wie schön! Grün
ist Schluriburs Lieb-
lingsfarbe. Einen Pinsel
findet er leider nicht.
Aber der Papagei hat
an seinem Sonntagshut
eine dicke, buschige, weiße
Feder – damit geht es sicher
auch. Schluribur beschließt, mit
dem Mast anzufangen.

Er stellt eine lange Leiter auf und klettert hinauf.
„Hin und her – ist nicht schwer",
singt Schluribur und beginnt mit
der Sonntagsfeder des Papageis
zu streichen. In der anderen Hand
hält er den wackeligen Farbeimer.
Ups! Da schwappt doch glatt die
Farbe über und
kleckert aufs
Deck! Den
Fleck muss
Schluribur
sofort
wegwischen.
Er klettert die Leiter
runter und schnappt
sich den rotweiß gestreiften
Lappen, der neben dem
Steuerrad hängt.
Na also, schon ist alles
wieder sauber. Bis auf
den rotweißen Lappen
natürlich.
Und wenn man genau
hinschaut, klebt in der Ritze
zwischen den Planken auch
noch Farbe. Suchend sieht
sich Schluribur um.
Ah, da liegt ja ein Messer.
Das ist gut.

Schluribur kniet sich hin und kratzt mit dem Messer die Farbe aus der Ritze. Doch was ist das?
Oje, das Messer steckt fest! Schluribur zieht. Nichts. Er zieht kräftiger. Nichts. Er rüttelt hin und her.
„Knacks!", macht es und die Klinge bricht entzwei!
„Was war das?", schreit der Papagei und fliegt vom Ausguck herunter.
„Was ist passiert?", schreit der Kater und springt aus dem Rettungsboot.

„Werden wir angegriffen?", schreit Kapitän Kaotikus und kommt an Deck gerannt.
„Meine Sonntagshutfeder!", heult der Papagei entsetzt, als er die grün verschmierte Feder entdeckt.
„Mein Messer!", faucht der Kater wütend. „Das mit dem Abzeichen für den besten internationalen Mäusejäger!"
„Und was hast du mit meiner Lieblingsunterhose gemacht?", fragt Kaotikus grimmig und hält etwas in die Luft,

was vorhin noch rotweiß war –
jetzt ist es rotweißgrün.
„Das muss bestraft werden",
sagt der Schiffskater.
„Über Bord mit ihm", krächzt
der Papagei.
Doch der Kapitän schüttelt
den Kopf. „Die Strafe muss
härter sein: Einen ganzen
Monat lang Wäsche
waschen", sagt er.
„Und eine Woche
Nachtwache halten."
„Und eine neue Feder",
fügt der Papagei hinzu.
Kaotikus nickt.
„Beim nächsten
Landgang kaufst du
eine neue Feder für
den Papagei, ein
neues Messer für den
Kater und zwei neue
Unterhosen für mich."
„Wieso zwei?", fragt
Schluribur leise.
„Strafe muss sein",
sagt Kaotikus.
Gitta Edelmann

Meins und deins und seins

Echte Schluris!

● Viele Leute hier hatten auch keine Lust, die richtigen Dinge zu suchen, und haben das Erstbeste genommen.
Das sind lauter Schluris.
Entdeckst du die falschen Dinge?
Und auch die, wonach die Schluris hätten suchen müssen?

Meins und deins und seins

Wegnehmer

● Schluribur hat zum Streichen einfach das genommen, was rumlag. Wem die Sachen gehören, war ihm egal. Er hat nicht darüber nachgedacht, ob die Dinge für die anderen wertvoll sind.

• Hat dir auch mal jemand etwas weggenommen, was dir wichtig war?
• Wie hast du es wiederbekommen?

● Schau die Bilder an. Wie würdest du einem Wegnehmer beibringen, dass er anderen nichts wegnimmt?

Du spinnst wohl!

Zur Strafe musst du jetzt immer alleine abwaschen.

Dann nehm ich dir auch was weg!

Und was machen wir jetzt?

Komm, wir überlegen uns eine Lösung.

24

Dein Wunschtest

● Hast du auch schon das Gegenteil erlebt? Wolltest du unbedingt etwas haben, was deinem Freund gehört oder in einem Laden stand? Hast du es einfach genommen? Hast du gefragt?

● Etwas einfach nehmen, was dir nicht gehört, ist ganz falsch! Doch was kannst du tun, wenn du etwas haben möchtest?
• Mach doch mal einen Wunschtest: Du kannst Bilder von deinen Wünschen aus Zeitungen ausschneiden und auf ein Blatt Papier kleben oder deine Wünsche aufmalen.
• Nun versteckst du das Blatt ein paar Tage im Schrank, unter dem Bett oder im Keller. Dann holst du es wieder.
• Wünschst du dir immer noch das Gleiche oder ist dir manches gar nicht mehr so wichtig?
• Was dir nicht mehr so wichtig ist, schneidest du aus der Collage heraus.
• Was dir immer wichtig ist, malst du auf einen Weihnachts- oder Geburtstagswunschzettel. Oder du sparst, um dir einen Wunsch zu erfüllen.

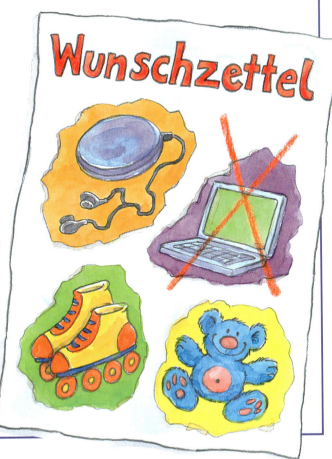

Auslachen ist doof!

Bulli, Malli und der Neue

Bullis Geschichte

Bulli ist der Stärkste in der Schule. Er hat unheimlich viele Freunde und findet sich total cool! Also ganz anders als der Neue.
Der Neue kommt vom Planeten Ekis.

Und so sieht er auch aus: rote Haare und eine lange Nase, igitt! Dazu spricht er ganz leise und KÖMISCH. „Hey, Honigbrot!", ruft Bulli, obwohl er genau weiß, dass der Neue Onibrod heißt. Aber es macht Spaß, Onibrod

zu ärgern, weil sein Gesicht dann immer so rot wird wie seine Haare. Darüber kann Bulli sich totlachen.
„Na, alles klar fürs Knieballturnier?", fragt Bulli seine Freunde. Ganz klar, seine Mannschaft wird gewinnen. Die Freunde nicken.
„Und hinterher spielen wir noch ein bisschen Honigbrot-Ärgern", schlägt Bulli vor.
Die Freunde nicken wieder und lachen.

Onibrods Geschichte

Onibrod ist ganz leise auf den Schulhof gekommen. Er hat gehofft, dass Bulli ihn nicht sieht.
Oje, da drüben steht er mit seinen Freunden.
„Hey, Honigbrot!", ruft Bulli.
Onibrod hasst es, wenn jemand seinen Namen verhunzt. Onibrod ist auf seinem Heimatplaneten Ekis ein ehrenwerter Name. Aber Onibrod sagt nichts, denn Bulli sieht ihn an, als wolle er ihn gleich verprügeln.
Am liebsten wäre Onibrod gar nicht in die Schule gegangen. Doch heute spielen alle Knieball. Das kennt Onibrod von zu Hause und es ist sein Lieblingsspiel.
Er seufzt.

Wahrscheinlich wird ihn ja sowieso niemand in seine Mannschaft wählen.
„Und hinterher spielen wir noch Honigbrot-Ärgern", hört er Bulli sagen. Bullis Freunde lachen und Onibrod merkt, wie er langsam rot wird. Schnell geht er hinüber zu Alli und Malli auf die andere Seite des Schulhofs. Er stolpert und fällt fast hin. Hoffentlich lachen die nicht wieder, denkt Onibrod. Ach, wäre er nur wieder zu Hause auf Ekis!

Mallis Geschichte

Malli sieht den Neuen ängstlich über den Schulhof stolpern. Klar, dieser Angeber Bulli hat es auf Onibrod abgesehen. Honigbrot nennt er ihn immer. Naja, ein bisschen komisch ist der Name Onibrod schon, aber auf Ekis wäre der Name Bulli vielleicht auch komisch.
„Los, zieht euer Sportzeug an!", ruft Alli. Alli und Malli spielen in einer Mannschaft. Heute müssen sie gegen Bullis Mannschaft spielen – das wird hart!
„Wir brauchen noch einen guten Knieballer", sagt Alli. „Holli ist krank."
Malli schaut sich um. Das ist schwierig. Der Einzige, der noch nicht in eine Mannschaft eingeteilt ist, ist Onibrod.

„Kennst du Knieball?", fragt Malli ihn. Onibrod nickt.
„Dann spielst du in unserer Mannschaft", sagt Malli und gibt ihm die Hand.
Alli und die anderen nicken und lächeln ihn an. Onibrod wird wieder rot, aber dieses Mal vor Freude.
„Eine Bedingung", sagt Malli.
Onibrod sieht ihn erschrocken an.
„Du erzählst uns hinterher von deinem Heimatplaneten. Wir waren nämlich alle noch nie dort und sind ganz schön neugierig."
Onibrod nickt. Und dann geht das Spiel auch schon los. Im Nu liegt Mallis Mannschaft in Führung. Bulli schreit seine Freunde an und kratzt sich verzweifelt am Kopf. Denn in Mallis Mannschaft spielt der beste Knieballer, den er je gesehen hat: Onibrod. Haushoch verliert Bullis Mannschaft.

„Warte nur, Honigbrot!", droht Bulli. Aber Onibrod macht das jetzt nicht mehr so viel aus. Er nimmt seinen ganzen Mut zusammen.
„Onibrod", sagt er langsam und deutlich. „Ich heiße Onibrod!"
„Du solltest mal was gegen deinen Sprachfehler tun, Bulli", fügt Malli hinzu. „Bei dir klingt das immer wie Honigbrot!"
Bulli bleibt der Mund offen stehen.
Bis ihm einfällt, was er sagen könnte, ist Onibrod mit seinen neuen Freunden verschwunden.

Gitta Edelmann

Auslachen ist doof!

Fiese Auslacher

● Hast du auch schon erlebt, dass andere Kinder dich auslachen? Vielleicht weil du neu in eine Gruppe kommst, eine Brille trägst, hingefallen bist oder den Ball nicht auffangen konntest?
Das ist ein schlimmes Gefühl und tut richtig weh, vor allem, wenn keiner da ist, der dir helfen kann.

● Was kannst du tun?
Die anderen wollen dich mit ihrem Gelächter ärgern. Wenn du dich aber nicht ärgern lässt, wird es ihnen schnell langweilig.
• Stell dich vor einen großen Spiegel. Du bist mutig und stark und sagst den anderen, dass sie dich in Ruhe lassen sollen.
• Probier verschiedene Haltungen aus und sag dazu: „Lasst mich in Ruhe!" Und: „Stopp, hört jetzt auf!"
Sag es mal laut und mal leise, mal ruhig und langsam, mal schnell und zischend.
• Was bringt die fiesen Auslacher am schnellsten dazu aufzuhören?

Auslachen ist doof!

Wie auf dem Mars

● In dem Gedicht auf der rechten Seite ist Hans zu Besuch bei den Marsmännchen. Eines von ihnen macht sich über ihn lustig und seine Freunde lachen dazu.

● Wie wird Hans das Marsmännchen begrüßen? Spiel die Begrüßung mit einem Freund. Einer ist Hans, der andere verkleidet sich als Marsmännchen, zum Beispiel mit Perücke, Maske, Tüchern, Gummihandschuhen, Fühlern aus Alufolie und großen Gummistiefeln.
• Zuerst begrüßt Hans das Marsmännchen freundlich, will sein Lieblingsspiel kennen lernen, ihn zu seinem besten Freund mitnehmen und dort mit ihm spielen.
• In der zweiten Szene ist Hans richtig fies. Er lacht das Marsmännchen aus und ruft seine Kuscheltierfreunde zusammen, damit die sich den komischen Typen auch angucken. Wie fühlt sich das Marsmännchen jetzt?
• Nun tauscht ihr die Rollen.
• Spielt auch einen Besuch auf dem Mars. Das Marsmännchen und seine Freunde begrüßen den Erdling.

Hans auf dem Mars

Deine Ohren klitzeklein,
rechts ein Bein und links ein Bein
und die Nase im Gesicht,
braune Haare – fürchterlich!
Ich lach dich aus, du spielst nicht mit!
Wir finden dich igitt, igitt!

Augen grün, die Hose bunt
und der Kopf ganz kugelrund!
Kannst dennoch nicht nach hinten gucken
und auch keine Kröten schlucken.
Ich lach dich aus, du spielst nicht mit!
Wir finden dich igitt, igitt!

Kannst dich nicht nach hinten biegen,
ohne Flügel auch nicht fliegen.
Darum spielst du nur im Dreck,
kommst trotz Beinen kaum vom Fleck.
Ich lach dich aus, du spielst nicht mit!
Wir finden dich igitt, igitt!

Doch morgen muss ich ganz allein
zur Erde reisen ohne Bein.
Mit Haaren krumm wie Sauerkraut!
Ein Auge, das nach hinten schaut!
Ob Hans dann lacht, nichts mit mir macht?
Nimmt er mich mit? Ruft er: „Igitt!"?

Manieren statt Meckern

Echt nett?

„Sie kommt", flüstert Emil.
Alina hebt die Gießkanne und schüttet einen Wasserstrahl über die Blumenkästen an der Balkonbrüstung. Dann duckt sie sich neben Emil.
„Verflixte Gören!", ruft Frau Maier hinauf.

Alina hat gut getroffen. Frau Maiers Hut ist ziemlich nass. Das hat die alte Schachtel verdient. So giftig, wie die immer rummeckert! Sicher beschwert sie sich bei Mama. Aber beim Blumengießen tropft es eben manchmal.
„Eigentlich müssen wir uns mal was anderes ausdenken. Etwas, worüber sich die alte Maier richtig ärgert", überlegt Emil.
Alina lacht. „Am meisten ärgert die sich, wenn sie sich nicht beschweren kann!"
„Au ja!", sagt Emil begeistert. „Ab jetzt sind wir so nett und höflich zu ihr, dass sie sich schwarz ärgert!"

Gesagt, getan.
Noch am selben Nachmittag treffen sie Frau Maier auf der Treppe.
„Guten Tag, Frau Maier", grüßen Emil und Alina im Chor.
Frau Maier sieht sie böse an und sagt keinen Ton.
„Wie unhöflich", sagt Emil und schüttelt den Kopf.

Am Samstag fährt Alina mit dem Bus nach Hause. Der Bus ist voll, Alina hat gerade noch einen Sitzplatz bekommen. An der nächsten Station steigt Frau Maier ein. Sie ist mit Einkäufen beladen. Alina grinst. Das trifft sich ja gut!
„Hallo, Frau Maier!", ruft sie und steht auf. „Hier, Sie können meinen Platz haben!"
Frau Maier setzt sich.
„Sie könnten sich ruhig bedanken", sagt ein älterer Mann zu ihr.

Dann lächelt er zu Alina hinüber. „So höfliche und hilfsbereite Kinder trifft man nicht oft!"
Alina wird ein bisschen rot. Eigentlich hatte sie das gar nicht so nett gemeint.
Frau Maier brummelt etwas Unverständliches.
Alina zieht ihr Handy aus der Tasche und schreibt Emil eine SMS: „Maier kommt gleich mit vielen Taschen. Achtung."
Als Frau Maier das Haus betritt, kommt ihr Emil entgegen.

„Oh, haben Sie viel zu tragen", sagt er. „Warten Sie, ich helfe Ihnen." Er nimmt ihr eine Tasche ab und bringt sie nach oben.
Wortlos verschwindet Frau Maier in ihrer Wohnung.
„Zimtzicke!", flüstert Emil.

Am Abend klingelt es an der Wohnungstür. Emil und Alina erkennen Frau Maiers Stimme.
„Äh, ich komme, äh, wegen der Kinder!", sagt sie zu Mama.
„Oje, haben die schon wieder was angestellt?", fragt Mama.

„Nein, nein", versichert Frau Maier. „Ich wollte ihnen nur etwas bringen." Einen Moment später kommt Mama mit einem Päckchen ins Zimmer.
„Stellt euch vor, das ist von Frau Maier für euch", sagt sie verblüfft.
Emil reißt das Papier auf. Eine Riesentafel Schokolade! Daran klebt eine kleine weiße Karte mit einem einzigen Wort: DANKE.
„Wofür habt ihr denn das verdient?", fragt Mama.
„Für einen Kurs in guten Manieren", sagt Emil. „Die haben wir ihr nämlich vorbildlich beigebracht!"

Gitta Edelmann

Manieren statt Meckern

Kleiner Manierentest für Große

● Immer beschwert sich Frau Maier über die unhöflichen Kinder. Aber Emil und Alina zeigen ihr, dass sie selbst keine Manieren hat.

● Viele sagen, Kinder hätten keine Manieren. Aber auch Erwachsene können dazulernen. Prüfe mal ihre Manieren mit einem kleinen Test!
• Grüßen sie zurück, wenn du grüßt?
• Fangen sie erst an zu essen, wenn alle am Tisch sitzen und jeder etwas auf dem Teller hat?

• Sprechen sie nie mit vollem Mund?
• Bedanken sie sich bei dir, wenn du etwas für sie getan hast?
• Lassen sie dich ausreden, wenn du etwas erzählst?
• Sagen sie „bitte", wenn sie etwas von dir wollen?
• Sagen sie „Entschuldigung", wenn sie dir auf den Fuß getreten sind?

Manieren statt Meckern

Manierenkurs

● In eurer Familie könnt ihr einen lustigen Manierenkurs machen. Wer nicht höflich ist, muss etwas auf ein Familienbild malen.
Für dieses Bild braucht ihr einen großen Bogen Papier und Stifte.

Begrüßung
•Denkt euch für jede Tageszeit eine lustige Begrüßung aus: morgens zum Beispiel „Kikeriki", mittags „Leckerschmecker", abends „Nachtigall". Wer es vergisst, malt ein Huhn aufs Familienbild.

„Bitte" und „danke"
•Statt „bitte" sagt ihr „Bitteschnitte" oder „Butterschnitte". Wer es vergisst, malt eine Butterblume.
•Statt danke könnt ihr das holländische Wort „bedankt" sagen. Wer es vergisst, malt eine Windmühle.

Dazwischenreden
•Wenn einer dazwischenredet, muss er fünf mal „ups" sagen oder dicke Backen machen und einen Frosch mit aufgeblasenen Backen aufs Bild malen.

Tischmanieren
•Wer losfuttert, bevor alle am Tisch sitzen, muss mit Stäbchen oder Teelöffeln essen und einen Vielfraß malen.
•Wer mit vollem Mund spricht, muss mit leerem Mund singen und einen Paradiesvogel malen.

„Entschuldigung, tut mir leid"
•Stattdessen sagt ihr „Kurt mit Kleid". Wer es vergisst, malt Kurt mit Kleid.

● Wie sieht euer Familienbild nach zwei Tagen aus? Wer musste am meisten malen? Gibt es viele Frösche oder besonders viele Windmühlen?

Streithammel und Streitschlichter

Räuberstreit

Es ist Frühling. Der Wald und die Tiere sind aus dem Winterschlaf erwacht. Die Räuber Siebenkäs, Knallfrosch und Hasenbein ebenfalls. Ihre Bärte sind noch länger geworden und ihre Socken riechen noch schlimmer als sonst.

Siebenkäs kriecht als Erster aus der Räuberhöhle. Er reckt und streckt sich, rollt die Augen und trommelt sich auf die Brust. „Ab heute wird wieder geräubert!", dröhnt er. „Aber richtig. Nicht lauter Pipikram." Knallfrosch und Hasenbein rühren sich nicht.
„He, ihr trüben Tassen! Aufwachen!", schreit Siebenkäs und kneift den beiden in die Nase.

„Immer willst du alles bestimmen!", jammert Hasenbein.
„Na und? Ich bin ja auch der Einzige, der Grips im Kopf hat", knurrt Siebenkäs. Dann packt er den großen Räubersack. Er stopft eine Tüte Magermilch hinein, zehn hartgekochte Eier, eine Wildschweinkeule, die Pantoffeln, die Räuberunterhosen von Ottokar dem Fürchterlichen und einen Wecker.

„Was soll der Quatsch?", will Knallfrosch wissen.
„Dumm wie Hühnerkacke! Das braucht man alles, wenn man auf Beutezug geht", knurrt Siebenkäs.
„Beutezug?", fragt Hasenbein ängstlich. „Ich mag aber gar nicht räubern. Zu Hause ist es viel schöner."
Siebenkäs packt ihn am Kragen und schüttelt ihn wie ein nasses Putztuch. „Du Flasche! Machst dir wohl in die Hose? Und so was will ein Räuber sein!"
„Lass ihn", sagt Knallfrosch. „Er lernt es schon noch mit der Zeit."
Siebenkäs wirft sich den Räubersack über die Schulter und bestimmt: „Los geht's! Immer mir nach!"
„Wohin gehen wir denn eigentlich?", erkundigt sich Hasenbein schüchtern.
„Überall hin, wo es was zu räubern gibt", knurrt Siebenkäs.
Die Frühlingssonne strahlt warm vom Himmel. Schon bald fangen die Räuber an zu schwitzen.
„Ich hab Durst", stöhnt Hasenbein.
„Klappe! Hier wird nicht schlapp gemacht", sagt Siebenkäs. „Picknick gibt's erst bei den drei Eichen."
Endlich sind sie dort.
Siebenkäs wirft den Räubersack ins Gras, wühlt wild darin herum und macht sich dann mit Genuss über die Wildschweinkeule her.
„Und wir?", fragt Hasenbein, schaut in den Rucksack und holt die Tüte Magermilch heraus. „Soll das alles sein?"

„Wo sind die hartgekochten Eier, hä?", will Knallfrosch wissen.
„Keine Ahnung", schmatzt Siebenkäs.
„Garantiert hast du sie unterwegs gegessen, du Vielfraß!", behauptet Knallfrosch.
„Sag das noch mal!", knurrt Siebenkäs und stürzt sich wütend auf ihn.

„Lügner! Vielfraß!", schreit Knallfrosch und packt ihn an den Schlappohren. Das lässt sich Siebenkäs nicht gefallen und kneift Knallfrosch in die Nase.
„Käsfuß!", ruft Hasenbein und beißt Siebenkäs in den großen Zeh.
„Hosenschisser!", brüllt Siebenkäs und reißt Hasenbein ein paar Barthaare aus.
„Aua!", ächzt Hasenbein.
Knallfrosch kommt ihm zu Hilfe – und Siebenkäs landet unsanft im Gras.
Plötzlich macht es KRACK!
Siebenkäs springt erschrocken auf.
An seinem Hosenboden kleben Eigelb und Eierschalen.

Doch weil allen Dreien die Puste ausgegangen ist, sagt erst mal keiner ein Wort.
Nach einer Weile knurrt Knallfrosch: „Streit ist doof."
„Und anstrengend", japst Hasenbein.
„Wir gehen jetzt nach Hause und legen uns aufs Ohr."
Zum ersten Mal bestimmt er, was gemacht wird – und Siebenkäs und Knallfrosch trotten brav hinter ihm her zur Räuberhöhle.

Christa Kempter

Streithammel und Streitschlichter

Wo sind die Eier?

● Ein Ei klebt am Hosenboden von Siebenkäs.
Wo sind die anderen neun Eier.
Kannst du sie finden?

Streithammel und Streitschlichter

Streitschlichter

● Die Räuber streiten. Da wackeln die Tannen im Räuberwald.
• Wann hast du dich zum letzten Mal gestritten und warum?

● Stell dir vor, du spielst in der Geschichte mit. Du läufst durch den Räuberwald und hörst, wie die Räuber anfangen zu streiten. Spielst du den Streitschlichter? Was könntest du ihnen sagen?

Stopp! Wir suchen alle zusammen die Eier. Vielleicht sind sie aus dem Rucksack gekullert.

Siebenkäs, du bist ein mieser Vielfraß, hol sofort neue Eier.

Was soll das Geschrei? Habt ihr überhaupt schon nach den Eiern gesucht?

Ihr seid selber Eierköpfe, ihr braucht gar keine hartgekochten Eier.

Auseinander! Ihr wollt wohl meine starken Fäuste spüren.

● Ein Streitschlichter muss sich vorstellen, wie sich die Streithähne fühlen.
• Was denkt Siebenkäs wohl, als Knallfrosch ihn Vielfraß nennt und beschuldigt, die Eier gegessen zu haben?
• Hasenfuß hat sicher auch Hunger. Als der Streit im Gang ist, macht er mit.
• Wie fühlt sich Knallfrosch, der Hunger hat und denkt, Siebenkäs hat alles aufgegessen?

● Keiner fühlt sich bei dem Streit gut, irgendwie haben alle recht. Ein Streitschlichter muss versuchen, die Streithähne zu beruhigen, damit sie miteinander sprechen können. Meistens können sie sich dann schnell versöhnen.
• Probiere es mit Freunden aus: Streitet zuerst darüber, wer die größten Füße oder den kleinsten kleinen Finger hat. Denkt euch Schimpfwörter aus und streitet laut. Dann versucht ein Streitschlichter, alle an einen Tisch zu bringen und über den Streit zu sprechen.

Siebenkäs

Hasenfuß

Knallfrosch

Weißt du Bescheid?

So ein Ärger

● Hier gibt es einige Leute, über die man sich ganz schön ärgern könnte. Worauf sollten sie achten und was könnten sie besser machen? Bestimmt fallen dir gute Vorschläge ein.